Integrated Chinese

LEVEL 2

Integrated Chinese

中文听说读写

Traditional & Simplified Character Edition

CHARACTER WORKBOOK

Second Edition

Yuehua Liu and Tao-chung Yao

Nyan-Ping Bi and Yaohua Shi

CHENG & TSUI COMPANY ▲ Boston

First Edition 2002
Second Edition 2007

15 14 13 12 11 10 09 08   3 4 5 6 7 8 9 10

Published by
Cheng & Tsui Company, Inc.
25 West Street
Boston, MA 02111-1213 USA
Fax (617) 426-3669
www.cheng-tsui.com
"Bringing Asia to the World"™

Traditional and Simplified Character Edition
ISBN 978-0-88727-482-4

The *Integrated Chinese* series includes books, workbooks, character workbooks, audio products, multimedia products, teacher's resources, and more. Visit www.cheng-tsui.com for more information on other components of *Integrated Chinese*.

Printed in Canada

PUBLISHER'S NOTE

When *Integrated Chinese* was first published in 1997, it set a new standard with its focus on the development and integration of the four language skills (listening, speaking, reading, and writing). Today, to further enrich the learning experience of the many users of *Integrated Chinese* worldwide, the Cheng & Tsui Company is pleased to offer the revised, updated, and expanded second edition of *Integrated Chinese*. We would like to thank the many teachers and students who, by offering their valuable insights and suggestions, have helped *Integrated Chinese* evolve and keep pace with the many positive changes in the field of Chinese Language instruction. *Integrated Chinese* continues to offer comprehensive language instruction, with many new features.

The Cheng & Tsui Chinese Language Series is designed to publish and widely distribute quality language learning materials created by leading instructors from around the world. We welcome readers' comments and suggestions concerning the publications in this series. Please contact the following members of our Editorial Board, in care of our Editorial Department (e-mail: editor@cheng-tsui.com).

Professor Shou-hsin Teng, Chief Editor
Graduate Institute of Teaching Chinese as a Second Language
National Taiwan Normal University

Professor Dana Scott Bourgerie
Department of Asian and Near Eastern Languages
Brigham Young University

Professor Samuel Cheung
Department of Chinese
Chinese University of Hong Kong

Professor Ying-che Li
Department of East Asian Languages and Literatures
University of Hawaii

Professor Timothy Light
Department of Comparative Religion
Western Michigan University

CONTENTS

PREFACE

This second edition of the *Integrated Chinese Character Workbook* follows the spirit of the textbook and the workbook by presenting the characters in both traditional and simplified forms. Each lesson consists of two parts. The first part shows how new characters are written component by component. The second part provides review exercises that allow students to have fun with the characters and to apply them in a meaningful context. This new edition also provides two new indices for easy reference. The first index is alphabetical, based on pinyin pronunciation, and the second is arranged by lesson.

We would like to express our gratitude for all the comments and suggestions received from teachers and students who used the first edition of the *Character Workbook*. Based on those suggestions, this new edition includes the following changes:

- New characters are shown one component at a time. The order of the components is based on the general principles of the formation of Chinese characters. For components that have not appeared in earlier lessons, the stroke order is also provided.

- When a new character has both a simplified and traditional form, both forms are presented at the beginning of the grids, one after another. The traditional form is presented first, and its simplified equivalent is shown in the smaller box on the left. The simplified form appears directly below the traditional form. In addition, there are practice grids for each form.

- All of the space is devoted to character writing practice. Sentences for recognition or reading have been replaced by character writing exercises.

- Fun, new review exercises have been added to each lesson to help students review and retain characters. The first part of the review exercises consists of character-based crossword puzzles. Students fill out the puzzles based on the pinyin clues provided. The second part of the review exercises provides meaningful contexts for character practice. Students have to transcribe a pinyin passage into Chinese characters, and in order to do so correctly, they need to understand the meaning of the passage.

- The appendices in the first edition have been replaced by two new indices that make characters easier to find; one is arranged alphabetically by pinyin and the other by lesson.

- With the new layout and the new design, the second edition is half of the size of the first edition, while containing more material relevant to character learning than ever before.

We extend our sincere gratitude to Mr. Brian Blackmore for his typesetting guidance, and to Ms. Kristen Wanner at Cheng & Tsui for her support throughout the production process.

We hope you find this new edition useful. We welcome your comments and feedback. Please report any typos or other errors to: **editor@cheng-tsui.com**. Thank you!

IC2 Authors

Lesson 1

jié — to tie; to conclude

結　結

糸	結	結							

jié — to tie; to conclude

結　结

纟	纠	结							

zhù — to register; to note

注　註

言	註								

zhù — to register; to note

註　注

氵	注								

cè — book

册

刀	册	册							

zǔ — ancestors

祖

| 礻 | 祖 | | | | | | | | |

jí — native place; registry

籍

| 竺 | 箐 | 籍 | 籍 | | | | | | |

quán — whole; entirely

全

| 入 | 全 | | | | | | | | |

shěng — to save

省

| 少 | 省 | | | | | | | | |

yóu — cause; to be up to someone or something

由

| 冂 | 冉 | 由 | 由 | | | | | | |

chù — place; part

處
处

| 虍 | 處 | 處 | | | | | | | |

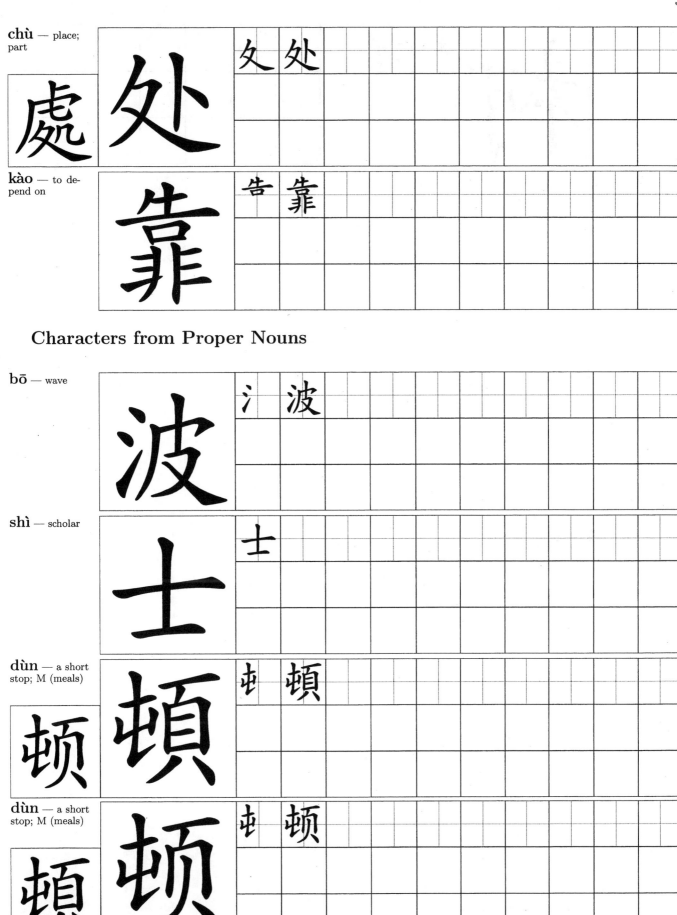

chù — place; part

kào — to depend on

Characters from Proper Nouns

bō — wave

shì — scholar

dùn — a short stop; M (meals)

dùn — a short stop; M (meals)

Kē — (a sur-
name)

柯　　木　柯

Let's Review!

I. Character Crosswords

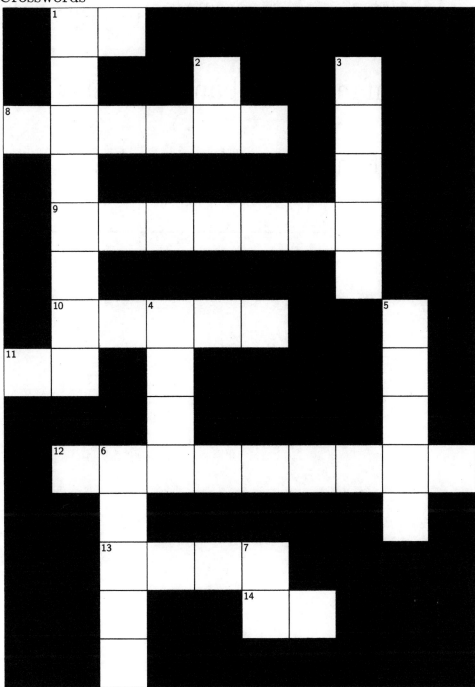

DOWN

1 xīnshēng yīnggāi zhù zài xiàonèi 2 chūshēng 3 bú jiàn de piányi 4 bù xiǎng bān jiā 5 chū mén kào zìjǐ 6 kāi xué děi zhù cè 7 xùjiè

ACROSS

1 xīnnián 8 shìyìng dàxué shēnghuó 9 zhù zài sùshè hěn fāngbiàn 10 xiàowài bù ānquán 11 guónèi 12 lí kāi jiā de hǎochù shì zìyóu 13 děi bàn shǒuxù 14 jiè qián

II. Pinyin to Characters

Dàxué yī niánjí de xīnshēng kāi xué yǐqián, bìxū bàn

hěn duō shì. Bǐfang shuō, bàn zhùcè shǒuxù, bān jìn

sùshè ... zuò shénme dōu děi kào zìjǐ.

Lesson 2

wū — room; house

屋

尸	屋									

shú — familiar

熟

亠	享	孰	熟							

xī — to know

悉

釆	悉									

chuāng — window

窗

宀	窅	窗	窗							

hù — door; household

户

丶	亠	户								

bǎi — to put; to place

摆　擺

才　扌　擺

bǎi — to put; to place

擺　擺

才　扌　摆

tǎn — blanket

毯

毛　毡　毯

guì — cabinet; cupboard

柜　櫃

木　杧　櫃

guì — cabinet; cupboard

櫃　柜

木　柜

tiáo — to adjust

调　調

言　调

tiáo — to adjust

调

调　调　调

dòng — M (buildings)

栋

栋　栋

dòng — M (buildings)

栋

栋　栋

shè — to set up

设

言　設

shè — to set up

設

讠　设

yù — bath

浴

氵　氵　氵　浴

kǒng — to fear

恐

工	巩	恐							

shāng — commerce

商

产	商	商							

pǐn — product

品

口	吊	品							

céng — storey; M (floors)

層　层

尸	尸	屄	屄	屄	層	層			

céng — storey; M (floors)

层　層

尸	层								

hōng — to dry with heat

烘

火	烘								

gān — dry

干

乾 | 卓 | 乾 | | | | | | | | | | |

gān — dry

乾 干

干 | 干 | | | | | | | | | | | |

bān — same as

般 | 舟 | 般 | | | | | | | | | | |

wèi — stomache

胃 | 甲 | 胃 | | | | | | | | | | |

CHARACTER FROM PROPER NOUNS

hàn — writing brush; calligraphy

翰 | 卓 | 斡 | 翰 | | | | | | | | | |

Let's Review!

I. Character Crosswords

DOWN

1 guìzi li guà zhe yīfu 2 shūjià shang méi fàng dōngxi shì kōng de 3 shāngpǐn 4 shūdiàn 5 chǎo sǐ le 6 ānquán 7 jiù shèbèi

ACROSS

2 shūzhuō kào zhe chuānghu bǎi 5 shàng cèsuǒ 4 shūfáng 3 shāngdiàn 8 yǐzi shang fàng zhe rìyòngpǐn 9 hěn chǎo bù ānjìng 10 kōngtiáo tài jiù le 11 shūfu 12 zhǔnbèi zhù cè

II. Pinyin to Characters

Wǒ zhù de gōngyù, shèbèi hěn xīn, yě yǒu kōngtiáo.

Mǎi rìyòngpǐn, xǐ yīfu, chī fàn, zuò shénme dōu

fāngbiàn de hěn. Búguò, suīrán hǎochù duō shì duō,

kěshì kào mǎlù, fēicháng bù ānjìng. Lìngwài tíng chē

yě bù róngyì. Dāngrán, wǒ yě pà bù ānquán. Wǒ

zhǔnbèi xiàge xuéqī bān jiā. Fángdōng kǒngpà děi zhǎo

xīn fángkè le.

Lesson 3

yuán — original

厂 盾 原

xī — to breathe in

口 吸

yān — tobacco; smoke

烟 煙

火 炬 煙

yān — tobacco; smoke

煙 烟

火 烟

zhēng — to steam

蒸 蒸

艹 苎 芽 莁 莁 蒸

zhēng — to steam

蒸

艹	芢	芛	菥	蒸	蒸							

jiè — mustard

芥

艹	芥											

jiè — mustard

芥

艹	芥											

lán — orchid

兰 / 蘭

艹	萠	蘭										

lán — orchid

蘭 / 兰

兰												

nèn — tender

嫩

女	婡	嫩										

bō — spinach

菠 菠

艹 菠

bō — spinach

菠 菠

艹 菠

qīng — green; blue

青

龶 青

bǎn — boss

板 闆

門 闆

bǎn — board

闆 板

木 板

yán — salt

盐 鹽

臣 𦣝 ... 鹽

yán — salt

鹽 盐

| 土 | 卦 | 盐 | | | | | | | |

zhāng — chapter

章

| 立 | 章 | | | | | | | | |

zǒng — to put together

总 總

| 糸 | 綯 | 總 | | | | | | | |

zǒng — to put together

總 总

| 丷 | 台 | 总 | | | | | | | |

yóu — oil; oily

油

| 氵 | 油 | | | | | | | | |

dàn — light

淡

| 氵 | 沙 | 淡 | | | | | | | |

Characters from Proper Nouns

méi — plum

木　梅

Chén — (a surname)

陈

阝　陳

Chén — (a surname)

陳

阝　陈

Let's Review!

I. Character Crosswords

DOWN

[1] niúròu hěn nèn [2] zhèjiā cānguǎn de cài fēicháng dìdao [3] tángcùyú bù xīnxian [4] zǒng de lái shuō [5] qīngdàn [6] wèijīng [7] hěn jiànkāng [8] zhènghǎo

ACROSS

[2] zhèpán dòufu hěn yóu [9] mǎshàng huí jiā [10] fànguǎn lǎobǎn [3] táng hěn tián [11] tā de náshǒu cài shì qīngzhēngyú [12] bù xī yān [13] shuōfǎ [14] tāng de wèidao hěn hǎo

II. Pinyin to Characters

Zhè jiā cānguǎn suīrán yǒu kōngtiáo, kěshì shèbèi

bǐjiào jiù. Méi shénme náshǒu cài, ròu bú gòu nèn,

qīngcài yě bú tài xīnxian. Yán, yóu, wèijīng dōu fàng

de bù shǎo. Rúguǒ xiǎng chī qīngdàn de cài, kǒngpà

yěxǔ yīnggāi dào bié jiā shì shi.

Lesson 4

xù — pity	恤	忄	忙	恤					
zǎi — young man	仔	亻	仔						
wú — not; nothing 无	無	𠂉	𠂉	無	無	無			
wú — not; nothing 無	无	无							
lùn — to talk about 论	論	言	訁	論	論	論			

lùn — to talk about

論 论

讠 讠 论

pái — brand

牌

丬 牌 牌

xū — to need

需

雨 需

fěn — powder

粉

米 粉

yá — tooth

牙

二 牙 牙

gāo — paste

膏

亠 高 膏

25

zào — soap

皂

白	皂						

wèi — to guard; to defend

卫 衛

彳	彳	袏	徔	徛	徫	徫	衛

wèi — to guard; to defend

衛 卫

ﻣ	ﻣ	卫					

jīn — a piece of cloth

巾

冂	巾						

yú — in; at; on

于 於

方	於						

yú — in; at; on

於 于

二	于						

huà — to change

化

亻	化										

zhuāng — to make up; to dress up

妝　妆

爿	妝										

zhuāng — to make up; to dress up

妆　妝

丬	妆										

gòu — to purchase

购　購

貝	購	購									

gòu — to purchase

購　购

贝	购	购									

duǎn — short

短

矢	短										

hòu — thick

厚

厂	厚								

bó / báo — thin

薄 薄

艹	艿	蒲	薄						

bó / báo — thin

薄 薄

艹	艿	蒲	薄						

chún — pure

純 纯

纟	純								

chún — pure

纯 纯

纟	纯								

mián — cotton

棉

木	柏	棉							

zhì / zhí — quality	質	所	質								
质											
zhì / zhí — quality	质	厂	斥	质							
質											
liàng — quantity	量	日	旦	量							
tiāo — to pick up; to select	挑	扌	扑	挑							
tī — to get rid of	剔	日	易	剔							
biāo — mark	標	木	栖	標							
标											

| biāo — mark | 標 | 标 | 扌 | 标 | | | | | | | |

| lián — inexpensive | 廉 | | 广 | 产 | 庐 | 庸 | 廉 | | | | |

| hū — (a verb suffix) | 乎 | | 一 | 乎 | 乎 | | | | | | |

| zhēng — to dispute | 争 | 爭 | 争 | | | | | | | | |

| zhēng — to dispute | 爭 | 争 | 争 | | | | | | | | |

| péi — to accompany | 陪 | | 阝 | 陪 | | | | | | | |

shuì — tax

禾 税

zhī — (a particle)

、 亠 之

qiān — to sign; to autograph

⺮ 簽

qiān — to sign; to autograph

⺮ 签

jù — according to

扌 捸 據

jù — according to

扌 护 据

Characters from Proper Nouns

dí — to enlighten

迪

由	迪								

dá — to reach

達　达

土	幸	達							

dá — to reach

达　達

大	达								

sī — this

斯

其	斯								

Let's Review!

I. Character Crosswords

DOWN

1 bù qiān zì 2 míngpái de yīfu jiàqian bù piányi 3 tā mǎi dōngxi de biāozhǔn bù gāo 4 gòuwù zhōngxīn 5 shuì hěn zhòng 6 tā zhǎng de fēicháng piàoliang 7 shìyìng dàxué shēnghuó

ACROSS

1 bú zàihu páizi 8 mǎi lǐwù 9 yùndòngfú bú shì chúnmián de 5 shuì duōshao qián 10 chángduǎn bù héshì 11 fāngbiàn 12 zhǎngdà 13 píngcháng 14 chūshēng

II. Pinyin to Characters

Xiǎo Lín mǎi dōngxi tèbié tiāoti, wúlùn shì yánsè, yàngzi, páizi, zhìliàng shénme de, tā de biāozhǔn dōu hěn gāo. Nándào tā jiù bù guǎn jiàqian duōshao le ma? Qíshí tā yě hěn zàihu jiàqian, fēi mǎi wù měi jià lián de dōngxi bù kě. Suǒyǐ měicì péi tā qù gòuwù zhōngxīn dōu děi huā hěn duō shíjián cái mǎi de dào héshì de.

Lesson 5

xuǎn — to choose

選　选

巴　巽　選

---

xuǎn — to choose

选　選

先　选

---

yǎ / yà — (short for Asia)

亚　亞

一　丆　丆　乑　乑　乑　亞

---

yǎ / yà — (short for Asia)

亞　亚

一　丌　亚　亚

---

shǐ — history

史

口　史　史

tǒng — to gather into one

統　统

糸　統

tǒng — to gather into one

统　统

纟　统

fǎn — to turn over

反

厂　反

shòu — to confer

授

扌　扩　授

tǎo — to discuss

讨　討

言　討

tǎo — to discuss

討　讨

讠　讨

kěn — to consent (to)

肯

止	肯										

zhì — to; until

至

巠	至										

bì — to complete

畢 / 毕

日	旦	吊	畧	畢							

bì — to complete

毕 / 畢

比	毕										

xì — department (in a college); system

系

一	系										

yán — to study

研

石	研										

jiū — to examine	究		宀	究								
yuàn — institute; courtyard	院		阝	院								
guǎn — to manage	管		竹	管								
kē — (an academic field)	科		禾	禾	科							
zhuàn — to make a profit	赚 赚		贝	赚								
zhuàn — to make a profit	赚 赚		贝	赚								

jiāo — to associate with

交

亠	交							

ài — (an exclamation)

唉

口	唉							

zhé — wise

哲

折	哲							

shēn — to express; to explain

申

曰	申							

lǜ — to consider; to ponder

慮 慮

广	慮							

lǜ — to consider; to ponder

慮 慮

虍	慮							

lǚ — shoe; footsteps; to carry out

履

尸 履

lì — experience

歷
历

厂 厤 歷

lì — experience

历
歷

厂 历

zán — we (incl.); I; me

咱

口 咱

jiàn — to setup; to construct

建

聿 建

yì — opinion; to talk over

議
议

言 詳 議

yì — opinion; to talk over

議 议

讠 议 议 议

Let's Review!

I. Character Crosswords

DOWN

1 fănfù tăolùn jĭge zhéxué wèntí   2 zhĭdăo jiàoshòu jiànyì wŏ xuăn tŏngjìkè   3 shēnqĭng shàng lìshĭ yánjiūsuŏ   4 Kē Lín kăolǜ xuăn wùlĭ zuò zhuānyè

ACROSS

5 shŏuzhĭ cháng   6 tā jiāo Dōngyàshĭ   7 kăo shì   8 wúlùn   9 guănlĭxì   10 Lĭ Zhé kĕndìng xuăn diànnăo   11 wŏ jìhuà míngnián bì yè

II. Pinyin to Characters

Wǒ yǐjīng shēnqǐng shang le guǎnlǐxuéyuàn de yánjiū suǒ. Búguò shǔjià jiéshù yǐhòu, wǒ bù kǎolǜ mǎshàng bàn zhù cè shǒuxù. Wǒ zhǔnbèi xiān dào shāngdiàn huòzhě gòuwù zhōngxīn shíxí, yǒu diǎn gōngzuò jīngyàn zài huí xuéxiào niàn shū. Wǒ de fùmǔ yǐjí zhǐdǎo jiàoshòu kěndìng bù tóngyì. Wǒ shòu bu liǎo gēn tāmen zhēnglùn, háishi bié gàosù tāmen ba!

Lesson 6

tī — ladder; stair

梯　木　梯

láng — corridor

廊　广　庐　廊

shēng — sound

聲　声

士　吉　吉　吉　声　殸　聲

shēng — sound

聲　声

士　吉　吉　吉　声

zhāo — to beckon

招　扌　招

hū — to call

呼

口	呼									

gé — to partition

隔

阝	阝コ	隔	隔	隔						

bì — wall

壁

启	辟	壁								

jī — to stimulate

激

氵	�	激								

hǎn — to cry out

喊

口	喊									

xiǎng — sound; noise

响 響

乡	绢	鄉	響							

47

xiǎng — sound; noise	響	响	口	响						
fān — to turn over		翻	番	翻						
lán — column; banister	栏	欄	木	棉	欄					
lán — column; banister	欄	栏	木	栏						
shāo — a little		稍	禾	稍						
wēi — tiny; minute		微	彳	徿	徿	微				

jiē — street

亍　徍　街

yù — education

云　育

mí — fan; to be fascinated by

米　迷

mán — to hide the truth from

瞒

目　瞒

mán — to hide the truth from

瞒

目　盽　瞒

bāo — to include

勹　包

huán — to surround

環

环

丆	環									

huán — to surround

环

環

丆	环									

jìng — area; situation

境

土	境									

ng — (an interjection)

嗯

口	呬	嗯								

tōng — through; to lead to

通

甬	通									

Characters from Proper Nouns

dé — virtue; morals

德

彳	德									

sēn — forest

木　朱　森

Let's Review!

I. Character Crosswords

DOWN

1 kāi wánxiào 2 gàosù Kē Lín bié zài zǒuláng li dǎ lánqiú 3 huánjìng hěn lǐxiǎng 4 Zhōngguóchéng 5 gébì de tóngxué dà hǎn dà jiào 6 kàn diànyǐng 7 yùndòngchǎng

ACROSS

8 fān kāi bàozhǐ de guǎnggào lán 9 shùlín li hěn ānjìng 10 chéngwài de hé 11 dàshēng de dǎ zhāohu 12 wòshì bú dà 6 kàn qiúsài hěn jīdòng 13 shòu yǐngxiǎng

II. Pinyin to Characters

Bù mán nǐ shuō, wǒ zhù de huánjìng bìng bù lǐxiǎng.

Gébì zhù le yíge lánqiúmí, bǐsài shāowēi jǐnzhāng

yìdiǎnr, tā jiù jīdòng de dà hǎn dà jiào. Búdàn

yǐngxiǎng wǒ xuéxí, yǒu shíhou yě ràng wǒ shuì bu

hǎo jiào. Zuìjìn wǒ zhèngzài kǎolǜ bān jiā. Zhěngtiān

fān bàozhǐ guǎnggào, xīwàng gǎnjǐn zhǎo dào héshì de

gōngyù bān zǒu. Qíshí wúlùn dàxiǎo, xīn jiù, fángzū

duōshao, wǒ dōu bìng bù tiāoti, zhǐyào ānjìng jiù xíng.

Nǐ yǒu méiyou shénme hǎo de jiànyì?

Lesson 7

nào — to stir up trouble

鬧 | 闹

| | | 二 | 干 | 王 | 耳 | 耳 | 耳 | 王 | 鬥 | 鬧 | | |

nào — to stir up trouble

鬧 | 闹

| 门 | 闹 | | | | | | | | | | |

qíng — feeling

情

| 忄 | 情 | | | | | | | | | | |

xiáng — detailed

详 | 詳

| 言 | 詳 | | | | | | | | | | |

xiáng — detailed

详 | 详

| 讠 | 详 | | | | | | | | | | |

xì — thin; fine

細　細　| 糸 | 細 |

xì — thin; fine

細　细　| 纟 | 细 |

kuàng — con-
dition

況　況　| 冫 | 況 |

kuàng — con-
dition

況　况　| 冫 | 况 |

xìng — nature;
character

性　| 忄 | 性 |

gé — character;
style

格　| 木 | 格 |

lǎng — bright

朗

良	朗									

pí — spleen

脾

月	脾									

zào — rash; restless

躁

足	踩	躁								

qù — interest; amusement

趣

走	赿	趣								

xì — play; drama

戏 戲

虍	虘	戲								

xì — play; drama

戲 戏

又	戏									

gǔ — ancient; classical

古

yáo — to shake

扌 扩 挥 摇

gǔn — to roll

氵 沪 滚

xiāng — each other

木 相

bèi — back

北 背

ò — (an interjection)

口 喍 噢

zuì — drunk

醉　　酉　醉

lí — severe

厲　厂　严　屌　屌　厲　厲　厲　厲

lí — severe

厉　厂　厉

hài — harmful

害　宀　宔　害

jìng — mirror

鏡　金　鏡

jìng — mirror

镜　钅　镜

pò — broken

破

石	破								

chuī — to blow; to break up

吹

口	吹								

guài — to blame; strange

怪

忄	怀	怪							

tǐng — quite

挺

扌	扗	挺							

huǐ — to regret

悔

忄	悔								

biē — to suppress

憋

丷	丬	尚	敝	憋					

tán — to talk

谈　談

言	談										

tán — to talk

談　谈

讠	谈										

Characters from Proper Nouns

lì — beautiful

丽　麗

一	「	帀	帀	丽	严	严	严	严	麗		

lì — beautiful

麗　丽

一	丽										

shā — (a kind of grass)

莎　莎

艹	艻	莎									

shā — (a kind of grass)

莎　莎

艹	艻	莎									

Let's Review!

I. Character Crosswords

DOWN

1 shìqing 2 tā jīngcháng nào píqi 3 hē zuì jiǔ le 4 tā hěn hòuhuǐ bǎ jìngzi dǎ pò le 5 bié chǎo jià 6 wèidao 7 tā shì xìmí 8 jiāotōng bù fāngbiàn 9 lùkǒu

ACROSS

10 tā xīnqíng bù hǎo jīngcháng zuì de hěn lìhai 5 bié gēn zhǐdǎo jiàoshòu nào fān le 11 gēn bìngrén dǎ jiāodào 7 tāmen liǎngge jiāowǎng xiāngchǔ le bànnián 12 xìnggé bù kāilǎng 13 mí lù 14 piányi

II. Pinyin to Characters

Xiǎo Kē xìnggé bù hǎo, píqi jízào, chángcháng gēn rén chǎo jià chǎo de lìhai. Jīdòng de shíhou hái dǎ pò jìngzi, chuānghu shénme de. Nánguài wúlùn shì lǎobǎn, fángdōng, háishì zhù tā gébì de dōu gēn tā xiāngchǔ de bù hǎo. Zuìjìn tā yòu gēn zhǐdǎo jiàoshòu nào fān le, xiángxì qíngkuàng bú tài qīngchu, búguò huì yǐngxiǎng tā bì yè. Suīrán tā tǐng hòuhuǐ de, kěshì yǐjīng lái bu jí le.

Lesson 8

táng — hall

坐	堂	堂								

yì — art; skill

艹	蓻	蓻	藝							

yì — art; skill

艹	艺									

shù — art; method

彳	術	術								

shù — art; method

木	术									

ǒu — occasionally; by chance

偶

亻 偶

ěr — like that

爾

尔

宀 示 亦 爾 爾

ěr — like that

尔

爾

𠂉 尔

jì — record

紀

纪

纟 紀

jì — record

纪

纪

纟 纪

xián — idle; unoccupied

閑

闲

門 閑

65

xián — idle; unoccupied

闲

闲 | 门 | 闲

pín — frequency

频

频 | 步 | 频

pín — frequency

频

频 | 步 | 频

bō — to broadcast

播

播 | 扌 | 採 | 播

wén — news; to hear

聞

闻 | 门 | 聞

wén — news; to hear

闻

闻 | 门 | 闻

tóng — child

立 童

yǐn — to cause; to induce

弓 引

mó — pattern

模

木 朾 槽 模

mó — pattern

模

木 朾 槽 模

fǎng — to imitate; to copy

亻 仿

chái — firewood

止 此 柴

zāi — disaster

災

災 災

zāi — disaster

災

灾 灾

luàn — disorderly

乱

亂

luàn — disorderly

亂

乱 乱

miǎn — to avoid

免

xiàng — toward

向

qiāng — gun

枪 槍 | 才 朴 槍

qiāng — gun

槍 枪 | 才 朴 枪

jiè — excuse

借 藉 | 艹 藉

jiè — excuse; to borrow

藉 借 | 亻 借

fù — to bear

负 負 | 𠂉 負

fù — to bear

負 负 | 𠂉 负

69

zé — duty

責 | 責 | 丰 責

zé — duty

责 | 责 | 丰 责

rèn — assignment

任 | イ 任

máo — lance

矛 | マ 予 予 矛

dùn — shield

盾 | 厂 盾

wēi — might; by force

威 | 厂 厈 威

xié — to force

胁 脅

脅 劦 脅

xié — to force

脅 胁

胁 月 胁

zhà — to blow up; to bomb

炸 火 炸

gǎn — to dare

敢 丁 耳 敢

Characters from Proper Nouns

má — sesame

麻 蔴

蔴 艹 芦 蔴

má — sesame

蔴 麻

麻 广 麻

Let's Review!

I. Character Crosswords

DOWN

1 nǚ'ér 2 shòu jiàoyù 3 zhǎngdà 4 yìshù diànyǐng
5 tā gāoxìng de mófǎng diànshì li de kǎtōng rénwù 6 yǐnqǐ
huǒzāi 7 wǒ ǒu'ěr kàn diǎn xīnwén 8 bù gǎn fù zérèn

ACROSS

9 értóng shòu dàren yǐngxiǎng 10 tǐyù jiémù yǐn bu
qi wǒ de xìngqu 8 bú yào wán huǒchái 12 shèbèi hěn xīn
13 shēnqǐng xìnyòngkǎ 14 bié yòng qiāng wēixié rén

II. Pinyin to Characters

Wǒ de tóngwū búdàn píqì jízào, érqiě hái chángcháng

shuō yì xiē bú fù zérèn, guài biéren de huà. Bǐfāng

shuō, tā guài wǒ kàn diànshì tài chǎo, yǐngxiǎng tā

xuéxí. Qíshí wǒ jīhū shénme diànshì jiémù dōu bú kàn.

Tā rènwéi wǒ de fángjiān luàn qī bā zāo, yīnggāi duō

zhěnglǐ. Qíshí tā zìjǐ cónglái bù dǎsǎo. Tā yàoshì gǎn

zài zhǎo wǒ de máfan, wǒ jiù gēn tā fān le!

Lesson 9

dài — period; generation

亻	代										

代

yí — to move

禾	移										

移

céng — once before

曾											

曾

lù — land

阝	陆	陸									

陸 陆

lù — land

阝	阡	阷	陆								

陸 陆

què — really; indeed

確

確

石　矿　確

---

què — really; indeed

确

确

石　矿　确

---

fǒu — no; not

否

不　否

---

zé — then

则

則

貝　則

---

zé — then

则

则

贝　则

---

sàn — to distribute; to let out

散

卅　肯　散

àn — coast; bank

山	屵	岸								

nì — to be bored with

月	朎	腻								

nì — to be bored with

月	朎	腻								

lú — stove

火	炉	爐								

lú — stove

火	炉									

gū — father's sister

女	姑									

jì — since; already

既

目 既

tàng — M (trips)

趟

走 趟

dāi — to stay

待

彳 往 待

bài — to pay respect; to worship

拜

手 拜

lǐng — to lead

領

领

領

令 領

lǐng — to lead

领

領

领

令 領

zhǐ — location

址

圵	址									

Characters from Proper Nouns

mò — ink

墨

黑	墨									

dì — the base of a fruit

蒂 蒂

艹	芷	蒂								

dì — the base of a fruit

蒂 蒂

艹	芷	蒂								

fū — man

夫

夫										

Let's Review!

I. Character Crosswords

DOWN

1 Měiguó de dōng xī àn dōu yǒu Zhōngguó de lǐngshì-guǎn   2 tā de lǚxíng lùxiàn búcuò   3 zài shùlín li sàn bù bú rè   4 nàge dǎoyóu hǎoxiàng hěn máng

ACROSS

5 bàn Měiguó hùzhào quèshí hěn kuài   6 jiǔshí niándài de yīnyuè wǒ tīng nì le   7 hé de liǎng àn dōu shì shùlín   8 tā yínháng li yǒu qián   9 pǎo bù   10 yóukè   11 rè de xiàng huǒlú   12 shàng tàng túshūguǎn

II. Pinyin to Characters

Xiǎo Wáng céngjīng zài lǚxíngshè dāi guo. Búdàn dìng

guo jīpiào, jìhuà guo rìchéng lùxiàn, hái dāng guo

dǎoyóu. Tā fēicháng fù zérèn. Wúlùn hùzhào,

qiānzhèng, bàn shénme shǒuxù dōu shífēn shúxi. Gēn

kèrén, lǐngshìguǎn yǐjí hángkōng gōngsī de zhíyuán yě

dōu xiāngchǔ de hěn hǎo. Dàjiā dōu yuànyì gēn tā dǎ

jiāodào.

Lesson 10

guàng — to stroll

逛

犭　狂　逛

qí — strange; rare

奇

大　奇

lì — advantage

利

禾　利

pái — to arrange; to put in order

排

扌　排

duì — a line (of people)

队　隊

阝　阡　隊

duì — a line (of people)

隊 队

阝	队								

lún — to take turns

轮 輪

車	輪								

lún — to take turns

輪 轮

车	轧	轮							

chèn — to take the opportunity

趁

走	趁								

tǒng — a thick tube-shaped object

筒

竹	筒								

què — however

却 卻

谷	卻								

què — however

却

卻

去	却							

chǎn — product

產

产

产	產							

chǎn — product

产

產

产								

guǒ — to wrap

裹

亠	宩	裹						

lián — to join

聯

联

耳	聯	聯	聯	聯	聯			

lián — to join

联

聯

耳	联							

bǐng — a round flat cake

餅 餅 | 食 餅

bǐng — a round flat cake

餅 饼 | 饣 饼

wàn — ten thousand

万 萬 | 艹 萬

wàn — ten thousand

萬 万 | 一 万

diū — to lose; to mislay

丟 | 一 丟

Let's Review!

I. Character Crosswords

DOWN

1 wǒmen pái duì fù qián 2 wànyī hùzhào diū le gǎn-kuài gěi lǐngshìguǎn dǎ diànhuà 3 shàng jiē mǎi tèchǎn 4 pāi diànbào 5 lún dào gēge xǐ yīfu 6 jì lù kōng liányùn 7 rúguǒ

ACROSS

1 wǒ ǒu'ěr guàng yícì jiē 8 tèbié 9 lánqiúduì 10 fù shuǐdiànfèi le 11 shěng qián 12 gǎnjǐn bàn qiānzhèng 13 dào yóujú gěi gūmā jì tángguǒ 14 pà yùndòng 15 fúwù

II. Pinyin to Characters

Wǒ hěn jiǔ yǐqián céngjīng qù guo yí tàng dàlù, chū chāi zuò shēngyì shùnbiàn lǚxíng, yìnxiàng hái búcuò. Jiùshì tǐng qíguài de, wúlùn qù yóujú, diànyǐngyuàn, háishì tǐyùchǎng, dàochù dōu bù pái duì, luànqībāzāo de. Shénme shíhou lúndào zìjǐ, yìdiǎn dōu bù kěkào. Búguò jùshuō jiǔshí niándài yǐlái, qíngkuàng lǐxiǎng duō le. Diànshì jiémù jiàoyù dàjiā bié jízào, bié jīdòng, děi pái duì. Jiéguǒ shòu le hǎo yǐngxiǎng, dàjiā màn mān de bú zài zhǎo jièkou, duì zìjǐ de xíngwéi bǐjiào fù zérèn, yuànyì pái duì de rén yuè lái yù duō.

Lesson 11

lǎn — to view

览 | 覽 | 臣 | 臣丨 | 臨 | 覽

lǎn — to view

覽 | 览 | 丨 | 丷 | 览

shèng — superb; to win

胜 | 勝 | 月 | 肜 | 朕 | 勝

shèng — superb; to win

勝 | 胜 | 月 | 胜

jì — remains; mark

迹 | 蹟 | 跞 | 蹟

jì — remains; mark

蹟 迹

亠	亣	亦	迹								

gù — incident; happening

故

古	故										

jǐ — crowded; to push against

挤 擠

扌	扩	护	挤	掋	擠						

jǐ — crowded; to push against

擠 挤

扌	扱	挤									

dù — degree

度

广	庐	度									

zhù — to construct

筑 築

𥫗	竺	筑	築								

zhù — to construct

筑

筑　笁　筑

zhǎi — narrow

窄

空　窄

miào — wonderful

妙

女　妙

líng — age

齢　齢

止　歩　齿　齢　齢

líng — age

齢　齢

止　歩　齿　齢

zhū — pearl

珠

王　珠

hěn — vigorous

狼

犭　狠

dèng — to glare

瞪

目　䀹　瞪

hú — lake

湖

氵　沽　湖

huá — to paddle

划

弋　划

chuán — boat

船

舟　舡　船

qiáng — wall

墙　牆

爿　爿　牆　牆

91

qiáng — wall

牆　墙　｜　士　艹　坤　墙

shēn — deep

深　｜　氵　深　深

líng — mausoleum; hill

陵　｜　阝　阡　陟　陵

mù — tomb

墓　墓　｜　艹　苩　莫　墓

mù — tomb

墓　墓　｜　艹　苩　莫　墓

zhuàng — magnificent

壮　壯　｜　爿　壯

zhuàng — magnificent

壯

壯

| 丬 | 壯 | | | | | | | | | |

guān — to watch; sight

觀

觀

| 雚 | 觀 | | | | | | | | | |

guān — to watch; sight

觀

觀

| 又 | 观 | | | | | | | | | |

cuī — to hurry; to urge

催

催

| 亻 | 仳 | 催 | | | | | | | | |

liàn — to feel attached to; love

戀

恋

| 糹 | 結 | 縊 | 戀 | | | | | | | |

liàn — to feel attached to; love

戀

恋

| 亦 | 恋 | | | | | | | | | |

shě — to part with

舍 捨 | 才 捨

shě — to part with

捨 舍 | 舍

tū — suddenly

突 | 宀 突

zàng — to bury

葬 葬 | 艹 茐 葬

zàng — to bury

葬 葬 | 艹 茐 葬

rěn — to bear; to put up with

忍 | 刃 忍

hā — (the sound of laughing)

哈

口	哈							

wěi — great

伟 偉

亻	伊	偉						

wěi — great

伟 偉

亻	伟							

bēi — stele

碑

石	碑							

xí — daughter-in-law

媳

女	姍	媳						

fù — woman

妇 婦

女	女ᵓ	女ᵖ	婦					

fù — woman

婦　妇

女　妇

mì — mysterious

秘

禾　秘

mì — secret

密

宀　宓　密

jìng — to respect

敬　敬

艹　苟　敬

jìng — to respect

敬　敬

艹　苟　敬

miào — temple

庙　廟

广　庴　廟

miào — temple

廟 庙 | 广 庙

Characters from Proper Nouns

Qín — Qin (a dynasty)

秦 | 夫 秦

Huái — Huai (a river)

淮 | 氵 淮

xuán — dark; abstruse

玄 | 一 玄

wǔ — military

武 | 一 止 武

fēi — concubine

妃 | 女 妃

chí — pool

池 氵 池

Let's Review!

I. Character Crosswords

DOWN

1 shǔjià qù Nánjīng yóulǎn míngshèng gǔjì   2 tā duì Fūzǐmiào de jiànzhù yìnxiàng hěn shēn   3 Xiǎo Lín liàn liàn bù shě de líkāi le Zhōngshān Líng   4 tā zhīdao xǔduō mìmì   5 wěidà   6 chéngqiáng

ACROSS

7 fàng jià   8 pái duì huá chuán yóu hú de rén bú tài duō   9 kāi wánxiào   10 Zhōngguóchéng   11 dà rénwù de língmù

II. Pinyin to Characters

Zuìhǎo bú yào chèn Zhōngguó de <u>wǔ yī</u> huòzhě <u>shí yī</u>

五一　　　　　十一

<u>huángjīnzhōu</u> qù dàlù lǚyóu. Yīnwèi dàjiā dōu fàng

黄金週/黄金周

jià, gèdì de míngshèng gǔjì dōu jǐ mǎn le rén. Wúlùn

kàn miào, kàn jiànzhù, kàn chéngshì, shàng shān, háishi

shàng cèsuǒ, dōu děi pái duì, dōu yǒu rén cuī, ràng rén

shòu bu liǎo.

Lesson 12

chén — morning	晨	日	尸	晨							
hé — lotus 荷	荷	艹	艻	荷							
hé — lotus 荷	荷	艹	艻	荷							
dài — to put on accessories (besides shoes)	戴	土	甴	亩	戴						
sú — custom	俗	亻	亻	俗							

| fēng — abundant | | 丨 | ‖ | 豐 | 豐 | | | | | | |
| 丰 | 豐 | | | | | | | | | | |

| fēng — abundant | | 丰 | | | | | | | | | |
| 豐 | 丰 | | | | | | | | | | |

| shèng — plenteous | | 成 | 盛 | | | | | | | | |
| | 盛 | | | | | | | | | | |

| jī — chicken | | ⺈ | 幺 | 奚 | 鷄 | | | | | | |
| 鸡 | 鷄 | | | | | | | | | | |

| jī — chicken | | 又 | 鸡 | 鸡 | | | | | | | |
| 鷄 | 鸡 | | | | | | | | | | |

| yā — duck | | 甲 | 鴨 | | | | | | | | |
| 鴨 | 鴨 | | | | | | | | | | |

yā — duck

鴨

鴨 | 甲 | 鴨

gēn — root

根

根 | 朩 | 根

duān — to hold level; to carry

端

端 | 立 | 屶 | 端

zòng — rice dumpling

粽

粽 | 米 | 粽

guān — government official

官

官 | 宀 | 官

yōu — to worry about

忧

憂

憂 | 百 | 真 | 惪 | 憂

yōu — to worry about

憂　忧

忄　忧

tóu — to throw

投

扌　投

jiāng — big river

江

氵　江

shā — to kill

杀

殺

乂　杀　杀　殺

shā — to kill

殺

杀

乂　杀

shī — poetry

诗

詩

言　詩

shī — poetry

詩 诗 | 讠 | 诗

shén — god; spirit

神 | 礻 | 神

jì — to offer sacrifices

祭 | 夗 | 祭

sì — to offer sacrifices

祀 | 礻 | 祀

lóng — dragon

龙 龍 | 立 | 宦 | 青 | 龍 | 龍

lóng — dragon

龍 龙 | 𠂇 | 龙 | 龙

xiàng — be like; image; symbol

象

𝄔　龟　象

zhēng — evidence

征　徵

彳　彳丨　徨　徵

zhēng — evidence

徵　征

彳　征

jiù — to save

救

求　救

chuán — to pass on

传　傳

亻　俥　傳

chuán — to pass on

傳　传

亻　传

biān — whip

鞭　　革　鞭

pào — cannon

炮　　火　炮

nóng — agriculture

農 / 农　　曲　農

nóng — agriculture

农 / 農　　宀　农

lì — calendar

曆 / 历　　厂　厤　曆

lì — calendar

历 / 曆　　厂　历

xiāo — night

宵

宀 宂 宵

tuán — to unite

團
团

冂 罔 專 團

tuán — to unite

团
團

冂 団 团

jǐn — to the greatest extent

儘
尽

亻 伃 倠 儘

jǐn — to the greatest extent

尽
儘

尺 尽

shǎng — to appreciate

賞
赏

⺌ 賞 賞

shǎng — to appreciate

赏 赏 业 当 赏

CHARACTER FROM PROPER NOUNS

Qū — (a surname)

屈 尸 屈

Let's Review!

I. Character Crosswords

DOWN

1 shǒu lǐ duān zhe yì pán jī   2 zhēngyuè shí wǔ shì Dēng Jié   3 sài lóngzhōu xiàngzhēng zhe lǎobǎixìng jí zhe jiù Qū Yuán   4 qǐng zhǔnbèi yí dùn fēngshèng de zǎocān 5 yuán yuán de yuèliang   6 dòngrén

ACROSS

7 lánqiú bǐsài   4 qǐng fàng biānpào   8 yuèbǐng xiàngzhēng zhe yì jiā tuányuán   9 shǎng yuè   10 Duānwǔ Jié 11 zǎochen   12 zháo jí   13 yuánlái tā shì ge shīrén

II. Pinyin to Characters

Zhōngguó de chuántǒng jiérì dōu shì lǎobǎixìng huí

jiā tuányuán de rìzi. Wúlùn kàn de shì huā dēng, sài
                                          花
lóngzhōu, háishi yuèliang, chī de shì yuánxiāo, zòngzi,

yuèbǐng, jī yā yú ròu, háishi qīngcài, zuì zhòngyào de

shì jǐnkěnéng gēn jiārén yì qǐ guò jié.

Lesson 13

jì — quiet

宀	宋	寂								

mò — lonely; deserted

宀	宲	宩	寞							

mò — lonely; deserted

宀	宲	宩	寞							

shī — to lose

丿	失									

qiáng — strong

弓	弥	强								

qiáng — strong

強　　強　　弓　弘　强

fù — wealthy; abundant

富　　富　　宀　宫　富

zhuī — to pursue; to give chase

追　　追　　㠯　追

miǎo — second

秒　　秒　　禾　秒

yíng — to win

赢　　贏　　亠　吉　肓　贏　贏

yíng — to win

赢　　赢　　亠　吉　肓　赢　赢

jué — to decide

决 决　｜　氵　决

jué — to decide

决 决　｜　氵　决

dào — (indicating concession)

倒　｜　亻　倒

cǎi — color; splendor

彩　｜　采　彩

zhǎn — exhibition; to spread out

展　｜　尸　屈　展

shì — world; era

世　｜　一　丗　世

jiè — boundary

界

田	界	界								

cǐ — this; here and now

此

止	此									

gǎn — to feel

感

咸	感									

jiāo — proud

驕 骄

馬	馿	騎	驕							

jiāo — proud

骄 驕

马	驵	骄								

ào — haughty

傲

亻	件	俏	傲							

guāng — light

光

⺌ 光

róng — to flourish; glory

荣 榮

炊 烞 榮

róng — to flourish; glory

榮 荣

艹 芦 荣

qǔ — to get

取

耳 取

jì — accomplishment

绩 績

糹 績

jì — accomplishment

績 绩

纟 绩

yì — benefit

益

丷 益

yù — reputation; fame

譽 譽

乍 阼 阼 與 與 譽

yù — reputation; fame

譽 譽

丷 誉

Characters from Proper Nouns

ào — profound

奧

冂 夐 奧

pǐ — to be a match for

匹

一 兀 匹

kè — to overcome

克

十 古 克

Let's Review!

I. Character Crosswords

DOWN

1 zhǐdǎo jiàoshòu wèi wǒ de biǎoxiàn gǎn dào jiāo'ào
2 jīngcǎi de juésài 3 chī le yí dùn fēngshèng de tuányuán-
fàn 4 chéng qiān shàng wàn de qiúmí shàng jiē qìngzhù 5
zhēng róngyù 6 tǐng jīdòng de 7 tǐhuì dào

ACROSS

8 shū le bié shīwàng 9 jiàoliàn de bǐsài jīngyàn hěn
fēngfù 10 qǔdé le guāngróng de chéngjì 11 wǒ yíng le
12 yí ge rén chī fàn tǐng jìmò de 13 gǎn dào guāngróng
7 tǐyù yùndòng 14 xìmí 15 guàng jiē 16 qìngzhù

II. Pinyin to Characters

Jiàoliàn chángcháng gàosù duìyuán, yùndòng yǒuyì yú

shēntǐ jiànkāng. Yùndòng dìyī shì wèile <u>qiángshēn</u>,

强身/强身

ránhòu cái shì wèile zhēng róngyù. Píngcháng hǎo hāo

liànxí, bǐsài wúlùn shū yíng, tā dōu huì wèi qiúyuán de

biǎoxiàn gǎn dào jiāo'ào.

Lesson 14

tíng — court-yard

庭

广	庄	庭						

jì — skill

技

扌	技							

dú — single; alone

独 獨

犭	猚	猚	獨					

dú — single; alone

獨 独

犭	独							

shū — father's younger brother

叔

朿	叔							

hūn — marriage; wedding

婚

| 女 | 妬 | 婚 | | | | | | | | |

ma — (a particle)

嘛

| 旷 | 嘛 | | | | | | | | | |

cāo — to grasp; to operate; to drill; to exercise

操

| 扌 | 损 | 操 | | | | | | | | |

chǎng — factory

厂 廠

| 广 | 厇 | 廠 | | | | | | | | |

chǎng — factory

厂 廠

| 厂 | | | | | | | | | | |

tuì — to move back

退

| 艮 | 退 | | | | | | | | | |

xiū — to rest; to stop

休

亻 休

bàn — companion; partner

伴

亻 伴

sǎo — elder brother's wife

嫂

女 奵 奵 奵 娵 嫂

chòng – abrupt; blunt

冲 衝

亻 種 衝

chòng – abrupt; blunt

衝 冲

冫 冲

huà — to draw; picture

画 畫

聿 畵 畫

huà — to draw; picture

畫 | 画 | 一 | 面 | 画

mà — to scold

駡 | 駡 | 叩 | 駡

mà — to scold

駡 | 骂 | 叩 | 骂

lǎn — lazy

懒 | 懶 | 忄 | 悚 | 懶

lǎn — lazy

懶 | 懒 | 忄 | 悚 | 懒

zhuàng — plaint; account

狀 | 狀 | 丬 | 狀

zhuàng — plaint; account

狀 | 爿 | 狀

chōu — to take out

抽 | 扌 | 抽

jū — to occupy

居 | 尸 | 居

Characters from Proper Nouns

ēn — benevolence

恩 | 因 | 恩

huì — kind; gracious

惠 | 車 | 惠

líng — exquisite

玲 | 王 | 玲

Let's Review!

I. Character Crosswords

DOWN

[1] értóng gùshi   [2] dānqīn jiātíng duì háizi de yǐngxiǎng
bú tài hǎo ma   [3] tuì xiū yǐhòu zhǎo gōngzuò hěn nán   [4]
biǎogē hé biǎosǎo nào lí hūn   [5] Xiǎo Zhāng jūrán huì huà
huàr   [6] dāngshí   [7] jiéguǒ

ACROSS

[8] fànguǎnr de càidān   [9] jiāzhǎng   [10] zhǎo lǎobàn   [4]
biǎosǎo mà háizi   [11] pópo hé xífù de guānxi hěn jǐnzhāng
[12] suīrán   [13] chōu bu chū shíjiān   [14] líkāi   [7] jié hūn
[15] hào chī lǎn zuò (love to eat and too lazy to do things)
[16] rúguǒ

II. Pinyin to Characters

Xǔduō jiāzhǎng wèi zǐnǔ de jiānglái cāo xīn. Tāmen pà háizi zhǎng dà yǐhòu bùnéng zhuàn qián guò rìzi, bùnéng shùnlì jié hūn yǒu zìjǐ de jiātīng ... Tāmen yě wèi zìjǐ tuì xiū yǐhòu de shēnghuó cāo xīn, yòu pà jìngjì bùnéng dúlì, yòu pà bùnéng kào zǐnǔ.

Lesson 15

huái — to conceive

怀　懷

懷

忄	忙	怀	懷	懷							

huái — to conceive

懷　怀

亻	怀										

yùn — pregnancy

孕

乃	孕										

cí — to resign

辞　辭

⺌	𭣐	𥾅	𩂻	辭							

cí — to resign

辭　辞

舌	辞										

zhàng — senior; husband

丈 | 丈

jiě — to solve; to untie

解 | ⼃ 角 觧 解

xīn — salary

薪 | ⺾ 薪

xīn — salary

薪 | ⺾ 薪

zhǔ — master; host

主 | 丶 主

qí — branch; divergent

歧 | 止 歧

duàn — to break; to cut off	斷	断	丝	絲	醤	斷						

duàn — to break; to cut off	斷	断	米	迷	断							

fàn — model	范	範	竹	笵	範							

fàn — model	範	范	艹	芐	范							

shǔ — rat; mouse	鼠	臼	臼	鼠	鼠							

māo — cat	猫	貓	豸	豸卜	貓							

māo — cat

猫　犭　犭　犭苗　猫

貓

gài — gener-
ally; approxi-
mately

概　木　栶　概

qīng — to be-
little; few; light

輕　車　輇　輕

轻

qīng — to be-
little; few; light

轻　车　轩　轻

輕

jiā — to marry
(of women)

嫁　女　嫁

yīn — marriage

姻　女　姻

fù — abdomen; belly

腹

月	腹								

wèi — not yet

未

二	未								

shèn — to exceed; even

甚

其	甚	甚							

biàn — to change

変 變

糸	結	戀	變						

biàn — to change

變 変

亦	変								

chóu — payment; reward

酬

酉	酬								

gǎi — to change

改

改 改

gé — to transform

革

廿 革

shēng — to rise

升

升

shù — figure; number

數

数

曲 婁 數

shù — figure; number

数

數

米 娄 数

xiǎn — exposed; obvious

顯

显

日 㬎 顯

xiǎn — exposed; obvious

顯 显

日	显						

gù — to look at; to consider

顾 顧

户	雇	顧					

gù — to look at; to consider

顧 顾

厂	后	顾					

qī — wife

妻

圭	妻						

Characters from Proper Nouns

Sòng — (name of a dynasty)

宋

宀	宋						

cháo — dynasty

朝

卓	朝						

Let's Review!

I. Character Crosswords

DOWN

1 nándào ràng nán de huái yùn shēng háizi 2 tóng gōng bù tóng chóu 3 fùnǚ de shèhuì dìwèi búduàn tígāo 4 shàonǚ 5 fēndān jiāwù zhàogù zǐnǚ 6 mófàn fūqī 7 zhíwèi

ACROSS

8 bié qíshì fùnǚ 9 fúwù 10 nán nǚ bù píngděng de shèhuì 11 lèguān de guò rìzi 12 bù cí zhí 13 dài háizi 14 zhàngfu xīnshuǐ gāo

II. Pinyin to Characters

Gébì de niánqīng fūfù, zhàngfu dāi zài jiā li zhàogu

háizi, qīzi wài chū gōngzuò. Liǎng ge rén yìqǐ fēndàn

jiāwù, yìqǐ shāngliang jiějué shēnghuó shang de wèntí.

Zhàngfu tǐtiē qīzi, qīzi tǐtiē zhàngfu, méiyǒu shéi

fúcóng shéi huòzhě shéi shì lǎoshǔ shéi shì māo de

wèntí. Tāmen liǎ de hūnyīn guānxi tǐxiàn le <u>zhēnzhèng</u>
　　　　　　　　　　　　　　　　　　　　　　　　　　真正

de nán nǚ píngděng.

Lesson 16

yǔ — and

与 與

與

yǔ — and

與 与

与

liáo — to treat; to cure

疗 療

疒 疒 療

liáo — to treat; to cure

療 疗

疒 疗

zhì — system

制

𠂉 制

zàng — internal organ

脏　臟

月	胪	臓	臟	臟					

zàng — internal organ

臟　脏

月	胪	脏							

yán — strict; severe

严　嚴

口	严	嚴							

yán — strict; severe

嚴　严

严									

qióng — poor

穷　窮

穴	窑	窮							

qióng — poor

窮　穷

宀	穷								

fǔ — government office

府

广	府									

jìng — end; finish

竟

立	竟									

tì — for; on behalf of

替

扶	替									

zhì — to make; to manufacture

制 製

𠂈	制	製								

zhì — to make; to manufacture

製 制

𠂈	制									

háo — a tiny amount

毫

亠	亭	毫								

yì — meaning; significance

义

義

| 羊 | 義 | | | | | | | | | | |

yì — meaning; significance

義

义

| 丶 | 丷 | 义 | | | | | | | | | |

chóu — to worry; to be anxious

愁

| 禾 | 秋 | 愁 | | | | | | | | | |

cái — timber; material

材

| 木 | 材 | | | | | | | | | | |

féi — fat

肥

| 月 | 肥 | | | | | | | | | | |

huàn — to contract; to suffer from

患

| 串 | 患 | | | | | | | | | | |

liáng — fine; good

良

zhèng — disease

疒 症

zhù — to concentrate

氵 注

shè — to absorb

扌 攝

shè — to absorb

扌 挕 摄

jūn — equal; even

圵 均

héng — to weigh; to measure

衡　　彳　徨　徨　衡

Let's Review!

I. Character Crosswords

DOWN

1 bìngrén   2 Měiguó de yīliáo bǎoxiǎn zhìdù xūyào gǎigé   3 chǎnpǐn   4 zhùyì jiànkāng   5 yíngyǎng bù liáng zhèng   6 shēncái   7 shíxí jīngyàn shǎo   8 fàng xīn   9 shēng bìng

ACROSS

10 wù měi jià lián de tèchǎn   11 qióngrén fù bu qǐ yī- yào fèi   5 yíngyǎng jūnhéng néng bǎozhèng shēntǐ jiànkāng   13 bù yánzhòng   14 chéngdù   7 shízài   15 jīngjì de gǎigé kāifāng   16 xīnzàng bìng   17 zhìshǎo

II. Pinyin to Characters

Suízhe shēnghuó shuǐpíng de tígāo, huàn xīnzàng bìng

de rén yě yuè lái yuè duō. Huàn bìng de yuányīn hěn

duō, bùguǎn shì shénme yuányīn, píngshí jiù yīnggāi

tīng yīshēng, zhuānjiā de huà, guān xīn zìjǐ de shēntǐ,

zhùyì zìjǐ de shēnghuó xíguàn, duō yùndòng, bù xī yān,

bù hē jiǔ, shèqǔ duō zhǒng yíngyǎng, zhèyàng cái néng

bǎozhèng shēntǐ jiànkāng.

Lesson 17

sōng — loose; slack

松 鬆

镸	髟	髶	鬆							

sōng — loose; slack

鬆 松

木	松									

tián — to fill (in, out)

填

土	填									

hé — what; how

何

亻	何									

jī — base

基

甘	其	基								

chǔ — plinth
(stone base)

石　研　礎

础

chǔ — plinth
(stone base)

石　础

礎

jìng — to compete; to contest

立　竞　竞　競

竞

jìng — to compete; to contest

立　竞

競

biàn — to debate

辛　辡　辯

辩

biàn — to debate

辛　辡　辩

辯

pī — to criticize

批　扌　批

píng — to judge

评　評　言　評

píng — to judge

評　评　讠　评

tài — form; condition

态　態　能　態

tài — form; condition

態　态　太　态

quē — to lack

缺　缶　缺

chéng — to bear; to hold

承

手　孚　承

dū — to supervise; to direct

督

叔　督

cù — to urge

促

亻　促

huī — to scatter; to wave

揮　揮

扌　揮

huī — to scatter; to wave

揮　揮

扌　揮

táo — to clean out

淘

氵　氿　淘

tài — to eliminate; to discard

汰　　氵　汰

qiú — to respect; to seek

求　　求

shǐ — to make; to cause

使　　亻　使

qì — ware

器　　叩　哭　器

dú — to read; to study

讀　读　　言　讀

dú — to read; to study

读　讀　　讠　读

yōu — excellent; merit

优

優

亻 優

yōu — excellent; merit

優

优

亻 优

fèng — phoenix

凤

鳳

几 凡 鳳

fèng — phoenix

鳳

凤

几 凤

bǔ — to mend; to make up

补

補

礻 補

bǔ — to mend; to make up

補

补

礻 礻 补

xī — to rest

息	自	息						

yìng — hard

硬	石	硬						

chuǎn — to pant; to gasp

喘	口	喘	喘					

zūn — to respect

尊	丷	酋	尊					

jí — even; even if

即	艮	即						

qǐ — to awaken; to start

啓	户	戶	啓					
启								

qǐ — to awaken;
to start

启　启

| 户 | 启 | | | | | | | | | | | |

gǔ — drum

鼓

| 壴 | 鼓 | | | | | | | | | | | |

lì — to encourage

励　勵

| 厂 | 厲 | 勵 | | | | | | | | | | |

lì — to encourage

勵　励

| 厂 | 厉 | 励 | | | | | | | | | | |

Let's Review!

I. Character Crosswords

DOWN

1 shùxué jīchǔ bù hǎo 2 zhǐhuībàng 3 yìnxiàng 4 jīhuì 5 jìngzhēng de chuán bú guò qì lái 6 rén bu yīnggāi sǐ dú shū 7 yìbān 8 zūn shī zhòng dào 9 tā hěn jíduān 10 lǐjiě 11 xítí

ACROSS

12 gǔlì xuésheng fāhuī xiǎngxiànglì 5 jìngzhēng bú guò biérén jiù huì bèi táotài 14 zhōumò yīnggāi qīngsōng yí xià 15 bú rènzhēn 16 sǐ jì yìng bèi 17 lǎoshī jiāo shū de yālì hěn dà 18 yǒu dàoli 19 jiějué wèntí

II. Pinyin to Characters

Xǔduō fùmǔ wàng zǐ chéng lóng, wàng nǚ chéng fèng, chángcháng sòng háizi shàng bǔxíbān. Tāmen rènwéi bǔxíbān de yōudiǎn shì kěyǐ dūcù háizi xuéxí, tígāo jìngzhēnglì. Dànshì xǔduō jiàoyù zhuānjiā hěn bù yǐ wéi rán. Tāmen pīpíng bǔxíbān zhǐ qiángdiào sǐ jì yìng bèi, bù yāoqiú sīkǎo lǐjiě, yě bú zhòngshì qǐfāshì jiàoyù, quēdiǎn tài duō. Tāmen dān xīn háizi biàn chéng kǎo shì de jīqì.

Lesson 18

zhī — M (pen, rifle)

枝 | 才 | 枝 | | | | | | | | |

fàn — to commit (a crime)

犯 | 犭 | 犯 | | | | | | | | |

zuì — crime

罪 | 罒 | 罪 | | | | | | | | |

liè — to hunt

獵 猎 | 犭 | 犭 | 犭 | 犭 | 獵 | 獵 | 獵 | | | |

liè — to hunt

猎 獵 | 犭 | 狪 | 猎 | | | | | | | |

pèng — to touch; to run into

碰

石　碰

zhì — wisdom

智

知　智

nòng — to make; to play with

弄

王　弄

jǐng — alert; to warn

警

警

敬　警

jǐng — alert; to warn

警

警

敬　警

chá — to examine

察

宀　宊　察

mìng — life; fate	命	人	仐	合	命							
gù — to hire	僱	亻	僱	僱								
gù — to hire	雇	户	雇									
jiān — jail; to inspect	監	臣	臥	監								
jiān — jail; to inspect	监	刂	忛	监								
yù — prison; jail	獄	犭	猎	獄								

yù — prison; jail

狱 | 犭 | 犭 | 狱

guī — rule; regulation

规 | 夫 | 规

guī — rule; regulation

規 | 夫 | 規

zhí — to carry out

执 | 幸 | 執

zhí — to carry out

執 | 扌 | 执

jìn — to prohibit

禁 | 林 | 禁

zhǐ — to stop

止　止

sī — private

私　禾　私

jí — to gather; to collect

集　隹　集

xiàn — constitution

宪　憲　宀　宔　寙　憲

xiàn — constitution

憲　宪　宀　宪

zhàng — to obstruct; barrier

障　阝　障

quán — right

权

権　　| 朾 | 權 |

quán — right

権

权　　| 朾 | 权 |

xiàn — to limit; to restrict

限　　| 阝 | 限 |

gāo — lamb

羔　　| 羊 | 羔 |

zǎi — to butcher; to slaughter

宰　　| 宀 | 宰 |

gē — to cut

割　　| 害 | 割 |

dǔ — to gamble

赌　赌 | 贝 | 赌

dǔ — to gamble

赌　赌 | 贝 | 赌

bó — to gain; to win

博 | 十 | 帱 | 博

fàn — to peddle

贩　贩 | 贝 | 贩

fàn — to peddle

贩　贩 | 贝 | 贩

dú — poison

毒 | 圭 | 毒

bìng — and; further

並

並

bìng — and; further

并

並

并

dì — to conclude

締

締

絲 締

dì — to conclude

缔

缔

纟 缔

jì — prostitute

妓

女 妓

jī — to hit; to attack

擊

击

叀 毄 擊

jī — to hit; to attack

擊 击 | 击 |

tōu — to steal

偷 | 亻 偷 |

qiè — to pilfer

窃 竊 | 宀 窜 竊 |

qiè — to pilfer

竊 窃 | 宀 窃 窃 |

qiǎng — to rob

抢 搶 | 扌 搶 |

qiǎng — to rob

搶 抢 | 扌 抢 |

jié — to rob; to compel

劫

去　劫

duàn — segment

段

乡　段

xiāo — to disappear

消

氵　消

miè — to extinguish

灭

滅

氵　滅

miè — to extinguish

滅

灭

灭

yóu — particularly

尤

尢　尤

pín — poor

貧

貧 | 分 貧

pín — poor

貧

貧 | 分 貧

zhí — value

值 | 亻 值

wěn — disorderly

紊 | 文 紊

réng — still

仍 | 亻 仍

lǜ — rate; proportion

率 | 玄 㳇 㢩 率

dī — low

低　亻　低

Let's Review!

I. Character Crosswords

DOWN

1 shèqǔ 2 xiànfǎ bǎozhàng lǎobǎixìng de jīběn quánlì
3 shèhuì shang chǎnshēng pín fù bù jūn de xiànxiàng 4 bókè (blog) 5 jiàoxué tàidù 6 jìnzhǐ fànmài dúpǐn 7 dǎjī tōuqiè qiǎngjié děng fànzuì xíngwéi 8 yòngxīn liángkǔ

ACROSS

9 jǐngchá qǔdì fēifǎ dǔbó 10 jíhuì 11 kèqi 12 chǎnpǐn 13 xuéxiào jìnzhǐ lǎoshī dǎ mà xuésheng 14 sùdù 15 fēngfù 16 jūnhéng 17 rìyòngpǐn 18 tǐxiàn 19 xiàngzhēng 20 kǔxīn

II. Pinyin to Characters

Xīn zhèngfǔ qiángdiào, lǎobǎixìng de yánlùn yǐjí jíhuì

zìyóu búhuì shòu dào xiànzhì, jīngjì fǎguī yě huì gèng

jiànquán. Lìngwài, zhèngfǔ yě bǎozhèng huì tōngguò

bùtóng shǒuduàn, shǐ fànzuìlǜ gèng dī.

Lesson 19

kàng — to resist

抗

扌 抗

chī — idiotic

癡

痴

疒 疒 疾 痍 癡

chī — idiotic

痴

癡

疒 痴

dāi — slow-witted

呆

口 呆

pōu — to cut; to dissect

剖

音 剖

hóu — monkey

猴

犭 犭 犭 猴

lián — to sympathize with

怜 憐

忄 怜 怜 憐

lián — to sympathize with

憐 怜

忄 怜

zǔ — to organize

组 組

纟 組

zǔ — to organize

组 組

纟 组

zhī — to knit; to weave

织 織

纟 緒 織

zhī — to knit; to weave	織	织	纟	织									
qiú — fur coat		裘	求	裘									
zhuāng — outfit	裝	裝	壯	裝									
zhuāng — outfit	裝	裝	壯	裝									
rēng — to throw		扔	扌	扔									
dàn — egg		蛋	疋	蛋									

jiǎn — to cut

剪

前	剪							

wéi — to encircle

圍　围

冂	帇	圍						

wéi — to encircle

围　圍

冂	甫	围						

xī — sacrifice

犧　牺

牛	牪	犠	犛	犧				

xī — sacrifice

牺　犧

牛	牺							

shēng — domestic animal

牲

牛	牲							

| jiǎng — to speak; to empha-size | 講 | 言 | 講 | | | | | | | |
| 讲 | | | | | | | | | | |

| jiǎng — to speak; to empha-size | 讲 | 讠 | 讲 | | | | | | | |
| 講 | | | | | | | | | | |

| wù — error | 誤 | 言 | 誤 | | | | | | | |
| 误 | | | | | | | | | | |

| wù — error | 误 | 讠 | 误 | | | | | | | |
| 誤 | | | | | | | | | | |

| nüè — cruel; tyrannical | 虐 | 虍 | 虐 | | | | | | | |

| yě — wild; bar-baric | 野 | 里 | 野 | | | | | | | |

mán — rough; reckless

蛮 | 蠻 | 糹 結 綹 蠻

mán — rough; reckless

蠻 | 蛮 | 亦 蛮

ái — cancer

癌 | 疒 痦 癌

ài — grass

艾 | 艾 | 卄 艾 艾

ài — grass

艾 | 艾 | 卄 艾 艾

zī — to multiply

滋 | 氵 氵 滋

píng — to base on; to rely on	憑	冫	馮	憑							
凭											
píng — to base on; to rely on	凭	亻	任	凭							
憑											
zhēn — precious; treasure	珍	王	珍								
xī — rare	稀	禾	稀								
bīn — to border; to be close to	瀕	氵	涉	瀕							
瀕											
bīn — to border; to be close to	濒	氵	涉	濒							
濒											

lín — to face;
to overlook

臨

臨

| 臣 | 旷 | 臨 | | | | | | |

lín — to face;
to overlook

临

臨

| 丨 | 忭 | 临 | | | | | | |

jué — to cut
off; exhausted

絕

絕

| 糹 | 絀 | 絕 | | | | | | |

jué — to cut
off; exhausted

绝

絕

| 纟 | 绝 | | | | | | | |

bì — to avoid

避

| 启 | 辟 | 避 | | | | | | |

tòng — pain

痛

| 疒 | 疒 | 痛 | | | | | | |

xū — empty; void

虚　虛

虍 虙 虛 虛 虛 虛

xū — empty; void

虚　虛

虍 虛

qū — to distinguish

区　區

匸 區

qū — to distinguish

區　区

又 区

zēng — to increase

増

圥 增

hǔ — tiger

虎

虍 虎

cǎi — to pick; to select

采　採

才　採

cǎi — to pick; to select

採　采

采

cuò — to arrange; to handle

措

才　措

shī — to put into practice

施

方　方　施

bǎo — treasure

宝　寶

宀　宝　窑　寶

bǎo — treasure

寶　宝

宀　宝

xióng — bear

熊

能	熊									

ruò — weak

弱

弓	弱									

hū — to neglect; to ignore

忽

勿	忽									

lüè — to omit; to leave out

略

田	略									

hù — mutual

互

工	互									

Let's Review!

I. Character Crosswords

DOWN

1. xǔduō zhēnxī dòngwù bīnlín mièjué 2. shèbèi 3. bǎohù dòngwù de yìshí hěn bóruò 4. qūbié 5. wèi guójiā xīshēng de rén hěn duō 6. kělián de lǎobǎn 7. áizhèng 8. Àizībīng 9. réndào

ACROSS

10. yěxǔ 2. shèlì bǎohù qū 11. zhǔnbèi 12. zhēnguì 13. jīdòng 14. nüèdài dòngwù shì yěmán de xíngwéi 15. guóbǎo 16. xiāomiè fàn zuì 17. hòubó 18. rénshù 19. lǎonián chīdāi zhèng de bìngrén hěn duō

II. Pinyin to Characters

Shìjiè rénkǒu búduàn zēngjiā, rén xūyào gèng dà de

kōngjiān lái fāzhǎn jīngjì. Yīncǐ rèdài yǔlín màn mān

xiāoshī, dà zìrán shòu dào pòhuài, hài de xǔduō xīyǒu

dòngwù de shēngcún huánjìng shòu dào wēixié.

Kēxuéjiā jí dòngwù bǎohù zǔzhī zhǐchū rúguǒ shìjiè

gèguó bù gǎnjǐn cǎiqǔ bìyào de cuòshī lái bǎohù

shēngtài pínghéng, jiānglái zhěngge shìjiè dōu huì zì shí

qí guǒ.

Lesson 20

xiàng — M
(projects)

项

项 | 工 | 项

xiàng — M
(projects)

项

项 | 工 | 项

fèi — waste

废

廢 | 广 | 廢

fèi — waste

廢

废 | 广 | 废

zhā — residue

渣 | 氵 | 渣

xī — to analyze

析

木　析

zào — to cause; to create

造

告　造

wū — dirt; dirty

污

氵　污

rǎn — to soil; to contaminate

染

氵　氿　染

bāng — nation; state

邦

丰　邦

wěi — to commission

委

禾　委

187

tuō — to entrust

托

託

言　託

tuō — to entrust

託

托

扌　托

sōng — pine tree

松

木　松

chóng — insect

虫

蟲

虫　蛊　蟲

chóng — insect

蟲

虫

虫

zhì — to rule; to control

治

氵　治

chòu — smelly; stinking

臭

| 自 | 臭 | | | | | | | | | |

yǎng — oxygen

氧

| 气 | 氧 | | | | | | | | | |

kān — to bear; to endure

堪

| 土 | 堪 | | | | | | | | | |

yuán — source

源

| 氵 | 源 | | | | | | | | | |

méi — coal

煤

| 火 | 煤 | 煤 | | | | | | | | |

hé — nucleus

核

| 木 | 核 | | | | | | | | | |

liú — sulphur

硫

	石	砣	硫										

xiào — effect

效

	交	效						

Let's Review!

I. Character Crosswords

DOWN

1 shíjì shang 2 huàgōngchǎng páifàng de fèishuǐ zào-chéng huánjìng wūrǎn 3 fēndān jiāwù 4 miànlín nántí 5 tígāo shēnghuó shuǐpíng 6 diànnǎo 7 chòuyǎngcéng hěn zhòngyào 8 liánbāng zhèngfǔ 9 hùshi

ACROSS

10 wěituō shíyànshì zuò huàxué fēnxī 11 biǎomiàn shang 12 jiātíng 13 nánguài 14 hédiànzhàn de zàojià gāo 15 shēngtài 16 sǐ yú hěn chòu 17 hē shuǐ 18 sān céng lóu 19 chéngběn 20 pínghéng 21 zhèngfǔ hěn zhòngshì huánjìng bǎohù 22 wūrǎnyuán

II. Pinyin to Characters

Shìjiè rénkǒu búduàn zēngjiā, jīngjì fāzhǎn sùdù

jiākuài, duì shíyóu, méi děng néngyuán de xūqiú liàng

yě yǔ rì jù zēng. Shíyóu, méi de <u>kāicǎi</u> wǎngwǎng huì
开採/开采

zàochéng shuǐ huòzhě kōngqì wūrǎn. Yīncǐ, xǔduō

guójiā gǔlì rénmín jǐnkěnéng shǎo yòng diàn, shǎo kāi

chē, bìng gǔlì kēxuéjiā yánjiū <u>kāifā</u> duì zìrán huánjìng,
開發/开发

réntǐ jiànkāng méiyǒu wēihài de xīn néngyuán.

INDEX A
(sorted by pinyin)

P = pinyin
T = traditional form
S = simplified form
L = lesson

Pinyin		English		
chuán	船	boat	11	90
chuán	傳 传	to pass on	12	106
chuǎn	喘	to pant; to gasp	17	153
chuāng	窗	window	2	7
chuī	吹	to blow; to break up	7	58
chún	純 纯	pure	4	27
cí	辭 辞	to resign	15	129
cǐ	此	this; here and now	13	116
cù	促	to urge	17	150
cuī	催	to hurry; to urge	11	92
cuò	措	to arrange; to handle	19	180
dá	達 达	to reach	4	31
dāi	待	to stay	9	76
dāi	呆	slow-witted	19	171
dài	代	period; generation	9	73
dài	戴	to put on accessories (besides shoes)	12	101
dàn	淡	light	3	18
dàn	蛋	egg	19	173
dào	倒	(indicating concession)	13	115
dé	德	virtue; morals	6	49
dèng	瞪	to glare	11	90
dī	低	low	18	168
dí	迪	to enlighten	4	31
dì	蒂	the base of a fruit	9	77
dì	締 缔	to conclude	18	164
diū	丟	to lose; to mislay	10	84
dòng	棟 栋	M (buildings)	2	9
dū	督	to supervise; to direct	17	150
dú	獨 独	single; alone	14	121
dú	讀 读	to read; to study	17	151
dú	毒	poison	18	163
dǔ	賭 赌	to gamble	18	163
dù	度	degree	11	88
duān	端	to hold level; to carry	12	103
duǎn	短	short	4	26
duàn	斷 断	to break; to cut off	15	131
duàn	段	segment	18	166
duì	隊 队	a line (of people)	10	81
dùn	頓 顿	a short stop; M (meals)	1	3
dùn	盾	shield	8	69
ēn	恩	benevolence	14	125
ěr	爾 尔	like that	8	64
fān	翻	to turn over	6	47
fǎn	反	to turn over	5	36
fàn	範 范	model	15	131
fàn	犯	to commit (a crime)	18	157
fàn	販 贩	to peddle	18	163
fǎng	仿	to imitate; to copy	8	66
fēi	妃	concubine	11	96
féi	肥	fat	16	142
fèi	廢 废	waste	20	185
fěn	粉	powder	4	24
fēng	豐 丰	abundant	12	102
fèng	鳳 凤	phoenix	17	152
fǒu	否	no; not	9	74
fū	夫	man	9	77
fǔ	府	government office	16	141
fù	負 负	to bear	8	68
fù	婦 妇	woman	11	94
fù	富	wealthy; abundant	13	114
fù	腹	abdomen; belly	15	133
gǎi	改	to change	15	134
gài	概	generally; approximately	15	132
gān	乾 干	dry	2	11

gǎn	敢	to dare	8	70
gǎn	感	to feel	13	116
gāo	膏	paste	4	24
gāo	羔	lamb	18	162
gē	割	to cut	18	162
gé	隔	partition	6	46
gé	格	character; style	7	54
gé	革	to transform	15	134
gēn	根	root	12	103
gòu	購 购	to purchase	4	26
gū	姑	father's sister	9	75
gǔ	古	ancient; classical	7	56
gǔ	鼓	drum	17	154
gù	故	incident; happening	11	88
gù	顧 顾	to look at; to consider	15	135
gù	僱 雇	to hire	18	159
guài	怪	to blame; strange	7	58
guān	觀 观	to watch; sight	11	92
guān	官	government official	12	103
guǎn	管	to manage	5	38
guāng	光	light	13	117
guàng	逛	to stroll	10	81
guī	規 规	rule; regulation	18	160
guì	櫃 柜	cabinet; cupboard	2	8
gǔn	滚	to roll	7	56
guǒ	裹	to wrap	10	83
hā	哈	(the sound of laughing)	11	94
hài	害	harmful	7	57
hǎn	喊	to cry out	6	46
hàn	翰	writing brush; calligraphy	2	11
háo	毫	a tiny amount	16	141
hé	荷 荷	lotus	12	101

hé	何	what; how	17	147
hé	核	nucleus	20	188
hěn	狠	vigorous	11	90
héng	衡	to weigh; to measure	16	144
hōng	烘	to dry with heat	2	10
hóu	猴	monkey	19	172
hòu	厚	thick	4	27
hū	乎	(a verb suffix)	4	29
hū	呼	to call	6	46
hū	忽	to neglect; to ignore	19	181
hú	湖	lake	11	90
hǔ	虎	tiger	19	179
hù	戶	door; household	2	7
hù	互	mutual	19	181
huá	划	to paddle	11	90
huà	化	to change	4	26
huà	畫 画	to draw; picture	14	123
huái	淮	Huai (a river)	11	96
huái	懷 怀	to conceive	15	129
huán	環 环	to surround	6	49
huàn	患	to contract; to suffer from	16	142
huī	揮 挥	to scatter; to wave	17	150
huǐ	悔	to regret	7	58
huì	惠	kind; gracious	14	125
hūn	婚	marriage; wedding	14	122
jī	激	to stimulate	6	46
jī	鷄 鸡	chicken	12	102
jī	基	base	17	147
jī	擊 击	to hit; to attack	18	164
jí	籍	native place; registry	1	2
jí	即	even; even if	17	153
jí	集	to gather; to collect	18	161

jǐ	擠 挤	crowded; to push against	11	88
jì	紀 纪	record	8	64
jì	既	since; already	9	76
jì	蹟 迹	remains; mark	11	87
jì	祭	to offer sacrifices	12	105
jì	寂	quiet	13	113
jì	績 绩	accomplishment	13	117
jì	技	skill	14	121
jì	妓	prostitute	18	164
jià	嫁	to marry (of women)	15	132
jiān	監 监	jail; to inspect	18	159
jiǎn	剪	to cut	19	174
jiàn	建	to set up; to construct	5	40
jiāng	江	big river	12	104
jiǎng	講 讲	to speak; to emphasize	19	175
jiāo	交	to associate with	5	39
jiāo	驕 骄	proud	13	116
jiē	街	street	6	48
jié	結 结	to tie; to conclude	1	1
jié	劫	to rob; to compel	18	166
jiě	解	to solve; to untie	15	130
jiè	芥 芥	mustard	3	16
jiè	藉 借	excuse	8	68
jiè	界	boundary	13	116
jīn	巾	a piece of cloth	4	25
jǐn	儘 尽	to the greatest extent	12	108
jìn	禁	to prohibit	18	160
jǐng	警 警	alert; warn	18	158
jìng	境	area; situation	6	49
jìng	鏡 镜	mirror	7	57
jìng	敬 敬	to respect	11	95
jìng	竟	end; finish	16	141
jìng	競 竞	to compete; to contest	17	148
jiū	究	to examine	5	38
jiù	救	to save	12	106
jū	居	to occupy	14	125
jù	據 据	according to	4	30
jué	決 决	to decide	13	115
jué	絕 绝	to cut off; exhausted	19	178
jūn	均	equal; even	16	143
kān	堪	to bear; to endure	20	188
kàng	抗	to resist	19	171
kào	靠	to depend on	1	3
Kē	柯	(a surname)	1	4
kē	科	(an academic field)	5	38
kè	克	to overcome	13	118
kěn	肯	to consent (to)	5	37
kǒng	恐	to fear	2	10
kuàng	況 况	condition	7	54
lán	蘭 兰	orchid	3	16
lán	欄 栏	column; banister	6	47
lǎn	覽 览	to view	11	87
lǎn	懶 懒	lazy	14	124
láng	廊	corridor	6	45
lǎng	朗	bright	7	55
lì	歷 历	experience	5	40
lì	厲 厉	severe	7	57
lì	麗 丽	beautiful	7	59
lì	利	advantage	10	81
lì	曆 历	calendar	12	107
lì	勵 励	encourage	17	154
lián	廉	inexpensive	4	29
lián	聯 联	to join	10	83
lián	憐 怜	to sympathize with	19	172

píng	評 评凭	to judge	17	149
píng	憑	to base on; to rely on	19	177
pò	破	broken	7	58
pōu	剖	to cut; to dissect	19	171
qī	妻	wife	15	135
qí	奇	strange; rare	10	81
qí	歧	branch; divergent	15	130
qǐ	啟 启	to awaken; to start	17	153
qì	器	ware	17	151
qiān	簽 签	to sign; to autograph	4	30
qiāng	槍 枪	gun	8	68
qiáng	牆 墙	wall	11	90
qiáng	強 强	strong	13	113
qiǎng	搶 抢	to rob	18	165
qiè	竊 窃	to pilfer	18	165
Qín	秦	Qin (a dynasty)	11	96
qīng	青	green; blue	3	17
qīng	輕 轻	to belittle; few; light	15	132
qíng	情	feeling	7	53
qióng	窮 穷	poor	16	140
qiú	求	to request; to seek	17	151
qiú	裘	fur coat	19	173
Qū	屈	(a surname)	12	109
qū	區 区	to distinguish	19	179
qǔ	取	to get	13	117
qù	趣	amusement	7	55
quán	全	whole; entirely	1	2
quán	權 权	right	18	162
quē	缺	to lack	17	149
què	確 确	really; indeed	9	74
què	卻 却	however	10	82
rǎn	染	to soil; to contaminate	20	186

rěn	忍	to bear; to put up with	11	93
rèn	任	assignment	8	69
rēng	扔	to throw	19	173
réng	仍	still	18	167
róng	榮 荣	to flourish; glory	13	117
ruò	弱	weak	19	181
sàn	散	to distribute; to let out	9	74
sǎo	嫂	elder brother's wife	14	123
sēn	森	forest	6	50
shā	莎 莎	(a kind of grass)	7	59
shā	殺 杀	to kill	12	104
shāng	商	commerce	2	10
shǎng	賞 赏	to appreciate	12	108
shāo	稍	a little	6	47
shě	捨 舍	to part with	11	93
shè	設 设	to setup	2	9
shè	攝 摄	to absorb	16	143
shēn	申	to express; to explain	5	39
shēn	深	deep	11	91
shén	神	god; spirit	12	105
shèn	甚	to exceed; even	15	133
shēng	聲 声	sound	6	45
shēng	升	to rise	15	134
shēng	牲	domestic animal	19	174
shěng	省	to save	1	2
shèng	勝 胜	superb; to win	11	87
shèng	盛	plenteous	12	102
shī	詩 诗	poetry	12	104
shī	失	to lose	13	113
shī	施	to put into practice	19	180
shǐ	史	history	5	35
shǐ	使	to make; to cause	17	151

shì	士		scholar	1	3	tōng	通	through; to lead to	6	49
shì	世		world; era	13	115	tóng	童	child	8	66
shòu	授		to confer	5	36	tǒng	統 统	to gather into one	5	36
shū	叔		father's younger brother	14	121	tǒng	筒	thick tube-shaped object	10	82
shú	熟		familiar	2	7	tòng	痛	painful	19	178
shǔ	鼠		rat; mouse	15	131	tōu	偷	to steal	18	165
shù	術	术	art; method	8	63	tóu	投	to throw	12	104
shù	數	数	figure; number	15	134	tū	突	suddenly	11	93
shuì	稅		tax	4	30	tuán	團 团	to unite	12	108
sī	斯		this	4	31	tuì	退	to move back	14	122
sī	私		private	18	161	tuō	託 托	to entrust	20	187
sì	祀		to offer sacrifices	12	105	wàn	萬 万	ten thousand	10	84
sōng	鬆 松		loose; slack	17	147	wēi	微	tiny; minute	6	47
sōng	松		pine tree	20	187	wēi	威	might; by force	8	69
Sòng	宋		(name of a dynasty)	15	135	wéi	圍 围	to encircle	19	174
sú	俗		custom	12	101	wěi	偉 伟	great	11	94
tài	態 态		form; condition	17	149	wěi	委	to commission	20	186
tài	汰		to eliminate; to discard	17	151	wèi	胃	stomach	2	11
tán	談 谈		to talk	7	59	wèi	衛 卫	to guard; to defend	4	25
tǎn	毯		blanket	2	8	wèi	未	not yet	15	133
táng	堂		hall	8	63	wén	聞 闻	news; to hear	8	65
tàng	趟		M (trips)	9	76	wěn	紊	disorderly	18	167
táo	淘		to clean out	17	150	wū	屋	room; house	2	7
tǎo	討 讨		to discuss	5	36	wū	污	dirt; dirty	20	186
tī	剔		to get rid of	4	28	wú	無 无	not; nothing	4	23
tī	梯		ladder; stair	6	45	wǔ	武	military	11	96
tì	替		for; on behalf of	16	141	wù	誤 误	error	19	175
tián	填		to fill (in, out)	17	147	xī	悉	to know	2	7
tiāo	挑		to pick up; to select	4	28	xī	吸	to breathe in	3	15
tiáo	調 调		to adjust	2	8	xī	息	to rest	17	153
tíng	庭		courtyard	14	121	xī	犧 牺	sacrifice	19	174
tǐng	挺		quite	7	58	xī	稀	rare	19	177

xī	析	to analyze	20	186	yán	盐	salt	3	17

Pinyin	Character	English			Pinyin	Character	English		
xī	析	to analyze	20	186	yán	鹽/盐	salt	3	17
xí	媳	daughter-in-law	11	94	yán	研	to investigate	5	37
xì	系	department (in a college); system	5	37	yán	嚴/严	strict; severe	16	140
xì	細/细	thin; fine	7	54	yǎng	氧	oxygen	20	188
xì	戲/戏	play; drama	7	55	yáo	搖/摇	to shake	7	56
xián	閑/闲	idle; unoccupied	8	64	yě	野	wild; barbaric	19	175
xiǎn	顯/显	exposed; obvious	15	134	yí	移	to move	9	73
xiàn	憲/宪	constitution	18	161	yì	議/议	opinion; to talk over	5	40
xiàn	限	to limit; to restrict	18	162	yì	藝/艺	art; skill	8	63
xiāng	相	each other	7	56	yì	益	benefit	13	118
xiáng	詳/详	detailed	7	53	yì	義/义	meaning; significance	16	142
xiǎng	響/响	sound; noise	6	46	yīn	姻	marriage	15	132
xiàng	向	toward	8	67	yǐn	引	to cause; to induce	8	66
xiàng	象	be like; image; symbol	12	106	yíng	贏/赢	to win	13	114
xiàng	項/项	M (projects)	20	185	yìng	硬	hard	17	153
xiāo	宵	night	12	108	yōu	憂/忧	to worry about	12	103
xiāo	消	to disappear	18	166	yōu	優/优	excellence; merit	17	152
xiào	效	effect	20	189	yóu	由	cause; to be up to someone or something	1	2
xié	脅/胁	to force	8	70	yóu	油	oil; oily	3	18
xīn	薪	salary	15	130	yóu	尤	particularly	18	166
xìng	性	nature; character	7	54	yú	於/于	in; at; on	4	25
xióng	熊	bear	19	181	yǔ	與/与	and	16	139
xiū	休	to rest; to stop	14	123	yù	浴	bath	2	9
xū	需	to need	4	24	yù	育	education	6	48
xū	虛/虚	empty; void	19	179	yù	譽/誉	reputation; fame	13	118
xù	恤	pity	4	23	yù	獄/狱	prison; jail	18	159
xuán	玄	dark; abstruse	11	96	yuán	原	original	3	15
xuǎn	選/选	to choose	5	35	yuán	源	source	20	188
yā	鴨/鸭	duck	12	102	yuàn	院	institute; courtyard	5	38
yá	牙	tooth	4	24	yùn	孕	pregnancy	15	129
yà	亞/亚	(short for Asia)	5	35	zāi	災/灾	disaster	8	67
yān	煙/烟	tobacco; smoke	3	15	zǎi	仔	young man	4	23

4	膏	gāo	paste	24
4	購 购	gòu	to purchase	26
4	厚	hòu	thick	27
4	乎	hū	(a verb suffix)	29
4	化	huà	to change	26
4	巾	jīn	a piece of cloth	25
4	據 据	jù	according to	30
4	廉	lián	inexpensive	29
4	量	liàng	quantity	28
4	論 论	lùn	to talk about	23
4	棉	mián	cotton	27
4	牌	pái	brand	24
4	陪	péi	to accompany	29
4	簽 签	qiān	to sign; to autograph	30
4	稅	shuì	tax	30
4	斯	sī	this	31
4	剔	tī	to get rid of	28
4	挑	tiāo	to pick up; to select	28
4	衛 卫	wèi	to guard; to defend	25
4	無 无	wú	not; nothing	23
4	需	xū	to need	24
4	恤	xù	pity	23
4	牙	yá	tooth	24
4	於 于	yú	in; at; on	25
4	仔	zǎi	young man	23
4	皂	zào	soap	25
4	爭 争	zhēng	to dispute	29
4	之	zhī	(a particle)	30
4	質 质	zhì	quality	28
4	妝 妆	zhuāng	to make up; to dress up	26
5	唉	ài	(an exclamation)	39
5	畢 毕	bì	to complete	37
5	反	fǎn	to turn over	36
5	管	guǎn	to manage	38
5	建	jiàn	to set up; to construct	40
5	交	jiāo	to associate with	39
5	究	jiū	to examine	38
5	科	kē	(an academic field)	38
5	肯	kěn	to consent (to)	37
5	歷 历	lì	experience	40
5	履	lǚ	shoe; footsteps; to carry out	40
5	慮 虑	lǜ	to consider; to ponder	39
5	申	shēn	to express; to explain	39
5	史	shǐ	history	35
5	授	shòu	to confer	36
5	討 讨	tǎo	to discuss	36
5	統 统	tǒng	to gather into one	36
5	系	xì	department (in a college); system	37
5	選 选	xuǎn	to choose	35
5	亞 亚	yà	(short for Asia)	35
5	研	yán	to investigate	37
5	議 议	yì	opinion; to talk over	40
5	院	yuàn	institute; courtyard	38
5	咱	zán	we (incl.); I; me	40
5	哲	zhé	wise	39
5	至	zhì	to; until	37
5	賺 赚	zhuàn	to make a profit	38
6	包	bāo	to include	48
6	壁	bì	wall	46
6	德	dé	virtue; morals	49
6	翻	fān	to turn over	47
6	隔	gé	partition	46
6	喊	hǎn	to cry out	46
6	呼	hū	to call	46

6	環	环	huán	to surround	49	7	鬧	闹	nào	to stir up trouble	53

8	頻	频	pín	frequency	65
8	槍	枪	qiāng	gun	68
8	任		rèn	assignment	69
8	術	术	shù	art; method	63
8	堂		táng	hall	63
8	童		tóng	child	66
8	威		wēi	might; by force	69
8	聞	闻	wén	news; to hear	65
8	閑	闲	xián	idle; unoccupied	64
8	向		xiàng	toward	67
8	脅	胁	xié	to force	70
8	藝	艺	yì	art; skill	63
8	引		yǐn	to cause; to induce	66
8	災	灾	zāi	disaster	67
8	責	责	zé	duty	69
8	炸		zhà	to blow up; to bomb	70
9	岸		àn	coast; bank	75
9	拜		bài	to pay respect; to worship	76
9	曾		céng	once before	73
9	待		dāi	to stay	76
9	代		dài	period; generation	73
9	蒂	蒂	dì	the base of a fruit	77
9	否		fǒu	no; not	74
9	夫		fū	man	77
9	姑		gū	father's sister	75
9	既		jì	since; already	76
9	領	领	lǐng	to lead	76
9	爐	炉	lú	stove	75
9	陸	陆	lù	land	73
9	墨		mò	ink	77
9	膩	腻	nì	to be bored with	75
9	確	确	què	really; indeed	74
9	散		sàn	to distribute; to let out	74
9	趟		tàng	M (trips)	76
9	移		yí	to move	73
9	則	则	zé	then	74
9	址		zhǐ	location	77
10	餅	饼	bǐng	a round flat cake	84
10	產	产	chǎn	product	83
10	趁		chèn	to take the opportunity	82
10	丟		diū	to lose; to mislay	84
10	隊	队	duì	a line (of people)	81
10	逛		guàng	to stroll	81
10	裹		guǒ	to wrap	83
10	利		lì	advantage	81
10	聯	联	lián	to join	83
10	輪	轮	lún	to take turns	82
10	排		pái	to arrange; to put in order	81
10	奇		qí	strange; rare	81
10	卻	却	què	however	82
10	筒		tǒng	thick tube-shaped object	82
10	萬	万	wàn	ten thousand	84
11	碑		bēi	stele	94
11	池		chí	pool	97
11	船		chuán	boat	90
11	催		cuī	to hurry; to urge	92
11	瞪		dèng	to glare	90
11	度		dù	degree	88
11	妃		fēi	concubine	96
11	婦	妇	fù	woman	94
11	故		gù	incident; happening	88
11	觀	观	guān	to watch; sight	92
11	哈		hā	(the sound of laughing)	94
11	狠		hěn	vigorous	90

11	湖	hú	lake		90
11	划	huá	to paddle		90
11	淮	huái	Huai (a river)		96
11	擠 挤	jǐ	crowded; to push against		88
11	蹟 迹	jì	remains; mark		87
11	敬 敬	jìng	to respect		95
11	覽 览	lǎn	to view		87
11	戀 恋	liàn	to feel attached to; love		92
11	齡 龄	líng	age		89
11	陵	líng	mausoleum; hill		91
11	秘	mì	mysterious		95
11	密	mì	secret		95
11	妙	miào	wonderful		89
11	廟 庙	miào	temple		95
11	墓 墓	mù	tomb		91
11	牆 墙	qiáng	wall		90
11	秦	Qín	Qin (a dynasty)		96
11	忍	rěn	to bear; to put up with		93
11	捨 舍	shě	to part with		93
11	深	shēn	deep		91
11	勝 胜	shèng	superb; to win		87
11	突	tū	suddenly		93
11	偉 伟	wěi	great		94
11	武	wǔ	military		96
11	媳	xí	daughter-in-law		94
11	玄	xuán	dark; abstruse		96
11	葬 葬	zàng	to bury		93
11	窄	zhǎi	narrow		89
11	珠	zhū	pearl		89
11	築 筑	zhù	to construct		88
11	壯 壮	zhuàng	magnificent		91
12	鞭	biān	whip		107
12	晨	chén	morning		101
12	傳 传	chuán	to pass on		106
12	戴	dài	to put on accessories (besides shoes)		101
12	端	duān	to hold level; to carry		103
12	豐 丰	fēng	abundant		102
12	根	gēn	root		103
12	官	guān	government official		103
12	荷 荷	hé	lotus		101
12	鷄 鸡	jī	chicken		102
12	祭	jì	to offer sacrifices		105
12	江	jiāng	big river		104
12	儘 尽	jǐn	to the greatest extent		108
12	救	jiù	to save		106
12	曆 历	lì	calendar		107
12	龍 龙	lóng	dragon		105
12	農 农	nóng	agriculture		107
12	炮	pào	cannon		107
12	屈	Qū	(a surname)		109
12	殺 杀	shā	to kill		104
12	賞 赏	shǎng	to appreciate		108
12	神	shén	god; spirit		105
12	盛	shèng	plenteous		102
12	詩 诗	shī	poetry		104
12	祀	sì	to offer sacrifices		105
12	俗	sú	custom		101
12	投	tóu	to throw		104
12	團 团	tuán	to unite		108
12	象	xiàng	be like; image; symbol		106
12	宵	xiāo	night		108
12	鴨	yā	duck		102
12	憂 忧	yōu	to worry about		103
12	徵 征	zhēng	evidence		106